??
HÄ?!

Sandra Bayer

JEDEN TAG EINE TÜR

24 total unbesinnliche Ideen zum Advent

LAPPAN

LIEBE ALIENS, LIEBE WEIHNACHTSHATER*INNEN,

Herzlich willkommen auf dem Planeten Erde! Hier gibt es einige kuriose Situationen zu bestaunen, zum Beispiel das Phänomen „Weihnachten". Weltweit variieren die Bräuche und Geschichten zwar, legen aber hauptsächlich eines nahe: Ausrasten – und zwar emotional, ästhetisch und finanziell.

Welcher X-Mas-Typ bist du? Kriegst du einen kompletten Nervenzusammenbruch, wenn der Supermarkt im Juli die Spekulatiussaison einläutet? Haben deine Nachbar*innen schon mal die Polizei gerufen, weil du zu falsch Weihnachtslieder in der Badewanne gesungen hast? Oder gehörst du zu den Losern, die das jährliche „Wir schenken uns nichts" mal wieder als Einzige ernst nehmen und dann die vorwurfsvollen Blicke unterm Baum ertragen und panisch Last-Minute-Gutscheine basteln müssen?

Das muss doch alles nicht sein! Dieses Buch hilft dir, Schritt für Schritt Weihnachten zu meistern. Vom Grinch zum Rauschgoldengel (mit DIY-Heiligenschein) in nur 24 Türchen!

IN DIESEM SINNE: EINEN WUNDERBAREN ADVENT!

DIE UNANSTÄNDIGEN WERDEN ENTFÜHRT, DAS HABEN SIE VON UNS, ABER DIE NEHMEN EINEN SACK DAFÜR!

Unser Versprechen für mehr Nachhaltigkeit

- Klimaneutrales Produkt
- Farben auf pflanzlicher Basis
- Papiere aus nachhaltiger Waldwirtschaft
- Hergestellt in Europa

1. Auflage 2021

– Originalausgabe –

ISBN 978-3-8303-7975-1

Konzept, Layout, Illustration und Text: Sandra Bayer
Lektorat: Theresa Behle
Herstellung: Monika Swirski
Covergestaltung: Sandra Bayer

FOLGT UNS! facebook.com/lappanverlag
Instagram.com/lappanverlag
www.lappan.de

MIX
Papier aus verantwortungsvollen Quellen
FSC® C002795
FSC
www.fsc.org

JEDEN TAG EINE TÜR

ISBN 978-3-8303-3592-4

SANDRA BAYER lebt und arbeitet als freiberufliche Illustratorin und Designerin in Berlin. Sie interessiert sich für Weltall, Tiere und Bücher und möchte gerne eines Tages mit mindestens vier Katzen zusammenleben.

Weihnachtssüßigkeitentyp: Schokonikolaus

Sternzeichen: Steinbock

Dekotyp: Pinterella / Alles aus

Weihnachtsbaum: Biobaum im Topf

ca 4h 15%
DAS WINDOWS-95-UPDATE FÜR DEINE ELTERN INSTALLIEREN
ALLE HAUSTIERE DEINER NACHBAR*INNEN HÜTEN
JEMANDEN BESUCHEN, DER EINSAM IST
DIE KINDER AUS DER FAMILIE BESCHÄFTIGEN
WELLNESS
KEIN PSYCHO SEIN für Dummies
DICH WEITERBILDEN ;)

FROHE WEIHNACHTEN!!!

Hey okay, wir haben jetzt 23 Türchen mit ironischen Weihnachtsjokes verbracht, aber jetzt ist der Tag nun mal da und wir sind ja nicht mehr 13 Jahre alt (außer die, die wirklich 13 sind – sorry Leute – und einige andere im Herzen, aber egal!). Auf jeden Fall macht es bestimmt mehr Spaß, sich darauf einzulassen, als zu schmollen und eigentlich ist doch die Idee mit der Nächsten- und Selbstliebe gar nicht so doof, oder? Du musst ja nicht gleich ein Medley der besten Weihnachtschoräle mit passender Choreografie auf TikTok zum Besten geben (bitte tu das nicht!), aber hier sind ein paar Ideen, wie du an Weihnachten ohne großen Aufwand und auf deine eigene Art etwas richtig Nettes für dich oder andere machen kannst:

LAST-MINUTE-GESCHENKE BASTELN (SIEHE TÜR 23)

RICHTIG GEIL FÜR ALLE KOCHEN

GELD FÜR EINEN WOHLTÄTIGEN ZWECK SPENDEN

24

RIESENKERZE

Eine weitere starke DIY-Komponente: Kerzen! Wer hat nicht gerne große Dinge? Das Großartige an Kerzen ist, dass man aus vielen kleinen Kerzen sehr leicht eine riesengroße Kerze machen kann. Es ist Zauberei – nein, ganz ehrlich: Es ist besser als Zauberei!

KAUGUMMIUNTERSETZER

Wer in seinem Leben eine öffentliche Schule besucht hat, weiß um die Veränderung des Aggregatzustands von bereits gekautem Kaugummi nach einer gewissen Zeit an der Luft, aka unter Schulbänken. Eine feine Eigenschaft, die du dir für diese tolle DIY-Idee ganz leicht zunutze machen kannst.

LAST-MINUTE-DIY-GESCHENKE

ZAHNSTOCHERASCHENBECHER

Es ist tatsächlich eines der bestgehütetsten DIY-Geheimnisse, wie vielfältig einsetzbar Zahnstocher wirklich sind! Du brauchst nur sehr, sehr viel Heißkleber, dann kannst du daraus quasi alles formen und das macht richtig FUN!

23

SO UNGEFÄHR?

Wenn schon Weihnachten, dann richtig! Spießig? Vielleicht, aber unter drei Meter kommt dir nix ins Wohnzimmer. Ein bisschen Minderwertigkeitskomplex steckt schon dahinter, aber der Porsche unter den Weihnachtsbäumen kompensiert das easy.

Er ist nicht der Schönste, aber dafür LEBT er! Wenn du dir den mit den Strohsternen vom Design-Weihnachtsmarkt vorstellst, wird dir ganz muggelig zumute. Er wärmt dein Herz und dein Gewissen, Ende Januar schmeißt du ihn aber trotzdem verschämt auf die Straße, weil du das Rückgabedatum verpasst hast.

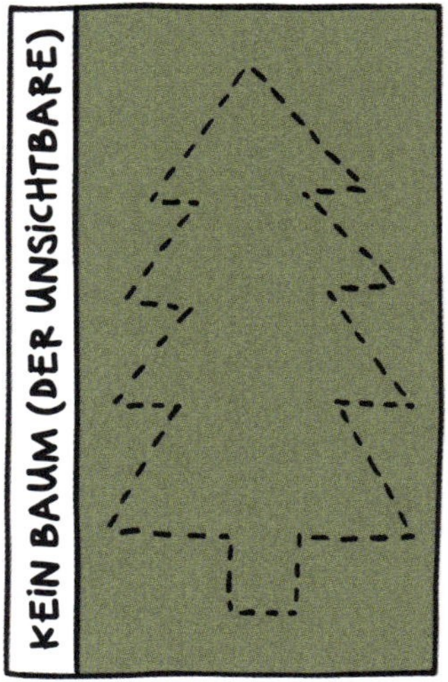

War was? Baum in der Bude ist was für Boomer und andere Idioten! Das Weihnachts-Easter-Egg in ‚Call of Duty' reicht dir schon komplett. Irgendwann hattest du auch mal einen Kaktus, aber du kannst dich nicht erinnern, was aus dem geworden ist.

WAS DEIN WEIHNACHTSBAUM ÜBER DICH VERRÄT

Zero Waste ist deine Religion. Wenn du Plastik siehst, zischst du wie ein mit Weihwasser bespritzter Vampir, nur heftiger. Wegen Minimalismus und so braucht der "Baum" auch keinen Schmuck, er dient als ironisches Zitat und Mahnmal für die Wegwerfgesellschaft.

Endlich sind alle Kinder aus dem Haus und ganz ehrlich, du hast keinen Bock mehr. Die Palme steht eh das ganze Jahr rum, da kann sie Weihnachten ruhig mal kurz ein paar Kugeln halten. Du gönnst dir jetzt erst mal einen schönen Amaretto und guckst ‚Das perfekte Dinner' – Me-Time!!

Den MUSSTEST du bei Nanu-Nana einfach mitnehmen! Und das Tolle ist, der nadelt gar nicht – hihihi! Praktischerweise gab's auch noch passende pinke Glitzerherzkugeln, 8 Stüc für 2,99 €, richtig gut. Du bist schon 'ne ganz verrückte Maus und hast sogar ein Tattoo!

22

1 X MONATLICH HAARE SCHNEIDEN

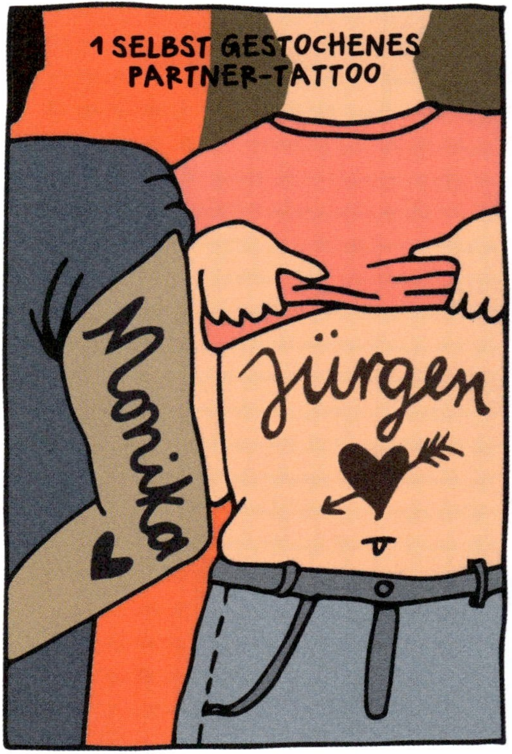
1 SELBST GESTOCHENES PARTNER-TATTOO
Monika
Jürgen

GUTSCHEINE, DIE SICHERLICH NIEMALS EINGELÖST WERDEN

Versierte Gutscheinschenkende kennen die schmale Linie zwischen Gutscheinen, die gerne eingelöst werden, und solchen, die einem in der Zukunft garantiert keine Arbeit machen. Wer gerne Gutscheine verschenkt, bevorzugt natürlich ganz klar die letztere Kategorie. Hier einige Ideen:

21

OH TANNENBAUM,
OH TANNENBAUM ♫
NOCHMAAL!

EVTL.
NICHT GANZ
JUGENDFREI

MALEN NACH ZAHLEN

Verbinde die Punkte in der richtigen Reihenfolge und sieh zu, wie sich ein weihnachtliches Bild äh … entblößt. Hihihi.

BANANENDOSE
WONDERPANTS
ANTI-SCHNARCH-PFLASTER
SOCKENHALTER
SELBST GEMIXTER BADEZUSATZ
Feuchter Traum
HÄMORRHOIDENKISSEN

GESCHENKE, MIT DENEN NIEMAND RECHNET …

… aber deine Leute werden so verwirrt sein, dass sie sie auch nicht hassen werden – hier arbeitet also das Überraschungsmoment quasi für dich.

19

UND, WELCHES ANTRIEBSSYSTEM VERWENDET IHR ZUM FLIEGEN?

KREBS
22.6.-22-7.
GÖNN DIR MAL EINEN BUBBLETEA. EINFACH SO, DIE STERNE SAGEN DANKE.
LÖWE
23.7.-23.8.
EINE EROTISCHE ZEIT STEHT DIR BEVOR. EGAL, OB MIT PARTNER*IN ODER SOLO: ES WIRD HOT UND FLUTSCHIG!
JUNGFRAU
24.8.-23.9.
BITTE GIB DIR MAL EIN BISSCHEN MEHR MÜHE BEIM GESCHENKEVERPACKEN. EINMAL TESA AUSSENRUMWICKELN IST EINFACH NUR ENTTÄUSCHEND.
WAAGE
24.9.-23.10.
DU HAST BEI DIESER EINEN MEINUNGSVERSCHIEDENHEIT RECHT, EGAL, WAS ALLE ANDEREN SAGEN. BITTE SETZE DICH DURCH.
SKORPION
24.10.-22.11.
LADE DEINE KRISTALLE NUR BEI VOLLMOND AUF, JEDE ANDERE MONDPHASE FÜHRT ZU LADEFEHLERN.
EIN ANTIAGRESSIONSTRAINING IST GENAU DAS, WAS DU DIESEN MONAT BRAUCHST.
SCHÜTZE
23.11.-21.12.

DEIN WEIHNACHTSHOROSKOP

18

Noch praktischer als die Weihnachtszahnfee und auch gerechter: Der/die Weihnachtseinbrecher*in nimmt Dinge, die man nicht mehr braucht, und fügt stattdessen neue hinzu. Im Prinzip stellt man ihm/ihr also Opfergaben/Sperrmüll raus.

Das ist ideal, denn wer weiß besser, was man brauchen könnte, als das eigene Zukunfts-Ich?? Ich schlage dies hiermit mir selbst vor, jetzt kann ich mich zurücklehnen und einfach abwarten.

WEIHNACHTSMANN NEU GEDACHT

Weil der Weihnachtsmann ein alter, weißer Mann ist und das Christkind offensichtlich minderjährig, sollten wir eventuell mal eine kreative Neubesetzung in Betracht ziehen. Tradition ist ja irgendwie auch das, was man daraus macht und viele Kinder haben heute den Glauben an Weihnachtsmann und Christkind bereits komplett verloren. Nach intensivem Brainstorming präsentiere ich vier mögliche Kandidat*innen für den Job.

WEIHNACHTSZAHNFEE

Zwei Fliegen mit einer Klappe: Die Zahnfee hat eh schon einen stabilen Geschenke-/Geldvorrat in ihrem Zahnfeelager und zu manchen Kindern muss sie sowieso, so spart sie sich ein paar Wege.

WEIHNACHTSSOFA

Ein Insiderjob: Da viele Leute bereits ein Sofa in der Wohnung haben, könnte es sich an Weihnachten auf wundersame Weise mit Geschenken füllen! In Sofaritzen finden sich sowieso oft verblüffende Dinge, das lässt sich doch skalieren!

??
HÄ?!

ICH MÖCHTE EUCH NUR MAL DARAN ERINNERN, WAS STEFAN AUS DER HR AUF DEM SOMMERFEST 2019 ABGEZOGEN HAT.
KÜNDIGUNG
DAS MIT DEM COMPUTER VON DER CHEFIN TUT MIR LEID, ABER SIE HAT SELBST MAL GESAGT, DER SIEHT AUS WIE EIN FRISBEE.
LEUTE, SEHT ES EINFACH ALS EXTREM UNANGENEHME TEAMBUILDING-MAßNAHME!
JA PETER, ICH HABE IN MEINER INSTAGRAMSTORY HALO VON BEYONCÉ GERÜLPST UND DAZU LIMBO GETANZT. DAFÜR SCHÄME ICH MICH SICHERLICH NICHT, DAS NENNT MAN „BESONDERES TALENT".

SCHLAGFERTIGE ANTWORTEN FÜR DEN TAG NACH DER FIRMEN-WEIHNACHTSFEIER
TEQUILA
NIEMAND HAT MIR GESAGT, DASS DAS KEIN ALKOHOLFREIER TEQUILA WAR.
DEN KOPIERER WOLLTE ICH DOCH NUR REPARIEREN, DAFÜR MUSS MAN SICH MANCHMAL DRAUFSETZEN.
LIEBE ANNIKA, FRAG DICH MAL SELBST, WIESO DEINE HAARE SO SENSIBEL AUF SOJABOLOGNESE REAGIEREN UND WAS DU DAGEGEN UNTERNEHMEN KÖNNTEST!

16

EIN BESINNLICHES AUSMALBILD
FÜR JUNG UND ALT

15

IM PRINZIP FUNKTIONIERT DAS SO: DU BRAUCHST SEHR VIEL HIERVON, DAS GIBST DU DANN LEUTEN, DIE EH SCHON ZU VIEL DAVON HABEN, UM ANDEREN LEUTEN, DIE DU MAGST, DINGE ZU GEBEN, DAMIT SIE DICH AUCH MÖGEN.

„ICH HASSE DEINEN HUND."
„WIR KÖNNEN ALLE DEINEN TANGA SEHEN."
„WEIHNACHTEN SCHREIBT MAN MIT H."
bruno banani
„DAS BRUNO-BANANI-PARFÜM SCHÜTTE ICH JEDES JAHR INS KLO."

SAG'S MIT PLÄTZCHEN!

So teilst du deinen Mitmenschen pikante Dinge, statt durch die Blume, durch Plätzchen mit. Die einen nennen es „passiv-agressiv", die anderen einfach „extrem elegant".

„BITTE TRENN DICH VON RUDI!"

„KANNST DU DAS KLOPAPIER EIN EINZIGES MAL RICHTIG HERUM AUFHÄNGEN?!"

14

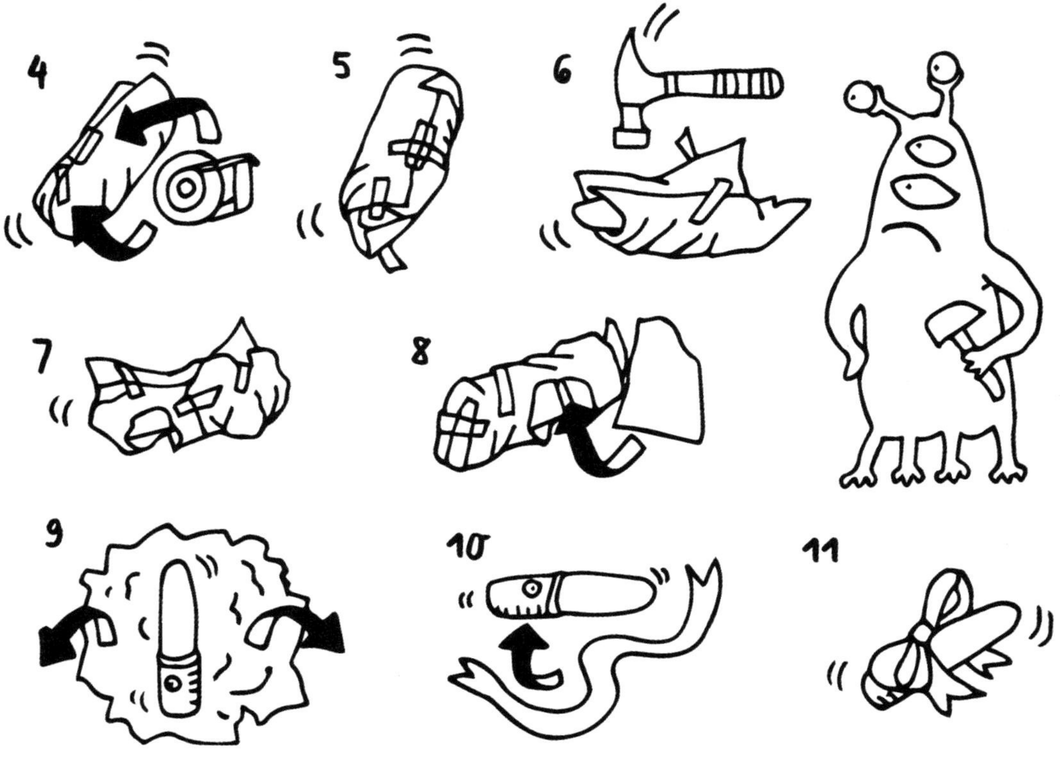
4
5
6
7
8
9
10
11

PROFESSIONELL GESCHENKE VERPACKEN

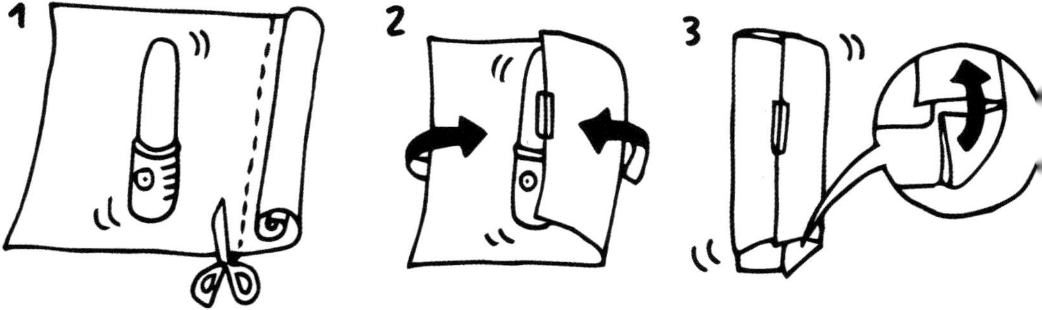

13

ICH WEIß AUCH NICHT, IST DAS VIELLEICHT SOWAS WIE EINE KLEINE LANDEBAHN?

DEINE HAUSTIERE WERDEN DIESE WEIHNACHTLICHEN OUTFITS LIEBEN!!
(... NOT.)

12

WO iST OMA?

Kannst du diese gesuchten Personen, Tiere, Gegenstände und Außerirdischen im weihnachtlichen Chaos in Omas Wohnzimmer wiederfinden?

OMA

COUSiN JÜRGEN

UNGELiEBTER WEiHNACHTSPULLi

DER SHERRY!!!

KATER FLORiAN

KARL

WAS IST DENN EINE BARBIE-EINBAUKÜCHE MIT THERMOMIX??
WUNSCHZETTEL
PONY
ROLL-SCHUHE
LEGO

1
ZITRONE REIBEN & AUSPRESSEN
2
SCHLUCK SHERRY NEHMEN
3
TEE AUFGIESSEN
4
PROST!
ETWAS SHERRY ZUR STÄRKUNG
5
KANDISZUCKER IN DEN TEE
6
-HICKS-
PAAR GLÄSCHEN SHERRY NOCH
7
NEUEN SHERRY KAUFEN GEHEN
8
ALLES IN TOPF GEBEN, ERHITZEN
9
MIT SHERRY ABSCHMECKEN

KÖSTLICHES PUNSCHREZEPT À LA OMA

10

PINTERELLA

Du hast mehrere Moodboards angefertigt, letzte Saison war shabby chic angesagt, dieses Jahr möchtest du es eher industrial halten. Crazy unkonventionell wie du bist, hast du einen Adventskranz aus Einmachgläsern gebastelt, die Idee hast du von Pinterest, da gibt's richtig süße Sachen. Die Lichterkette hast du eh ganzjährig auf dem Balkon, passend zum Palettensofa!

ALLES AUS (BZW. ALLES AN!)

Jedes Jahr im September beginnt das Wettrüsten mit den Nachbar*innen. Die Stromrechnung klettert in schwindelerregende Höhen und Leute pilgern von überall zu deinem Haus, um Selfies davor zu machen. Die Kinder in der Nachbarschaft denken, du bist wahrscheinlich der Weihnachtsmann und du musstest eine extra Garage zur Aufbewahrung der Lichterketten bauen.

WELCHER WEIHNACHTSDEKO-TYP BIST DU?

TRADITIONELL

Dein Adventskranz hat rote Kerzen, die Strohsterne hat deine Ururoma Anfang des 19. Jahrhunderts gebastelt, in der Krippe hat verdammt noch mal das Jesuskind zu liegen und wenn du einen Mistelzweig siehst, musst du erst mal 30 Minuten in eine Tüte atmen. ALLES. MUSS. SO. SEIN. WIE. FRÜHER.

AMERIKANO

Hey Boys & Girls, hängt schon eure Socken raus, damit Santa was reintun kann! Nach deinem Austauschjahr 2003 in „den Staaten" fiel es dir schwer, dich an die meisten Wörter deiner Muttersprache zu erinnern und auch die Traditions sind completely hängengeblieben. Let's talk Mistelzweige, Zuckerstangen, Melanie Thornton!

9

UND ZU „WEIHNACHTEN" ESSEN SIE EINE TOTE ANDERE LEBENSFORM!!!

SCHNULLER
JEDEN TAG EINE TÜR
OHR-
RINGE
WUNDER
BAUM
PUPS
TEE-EI
DIESES BUCH
DUFTBÄUMCHEN

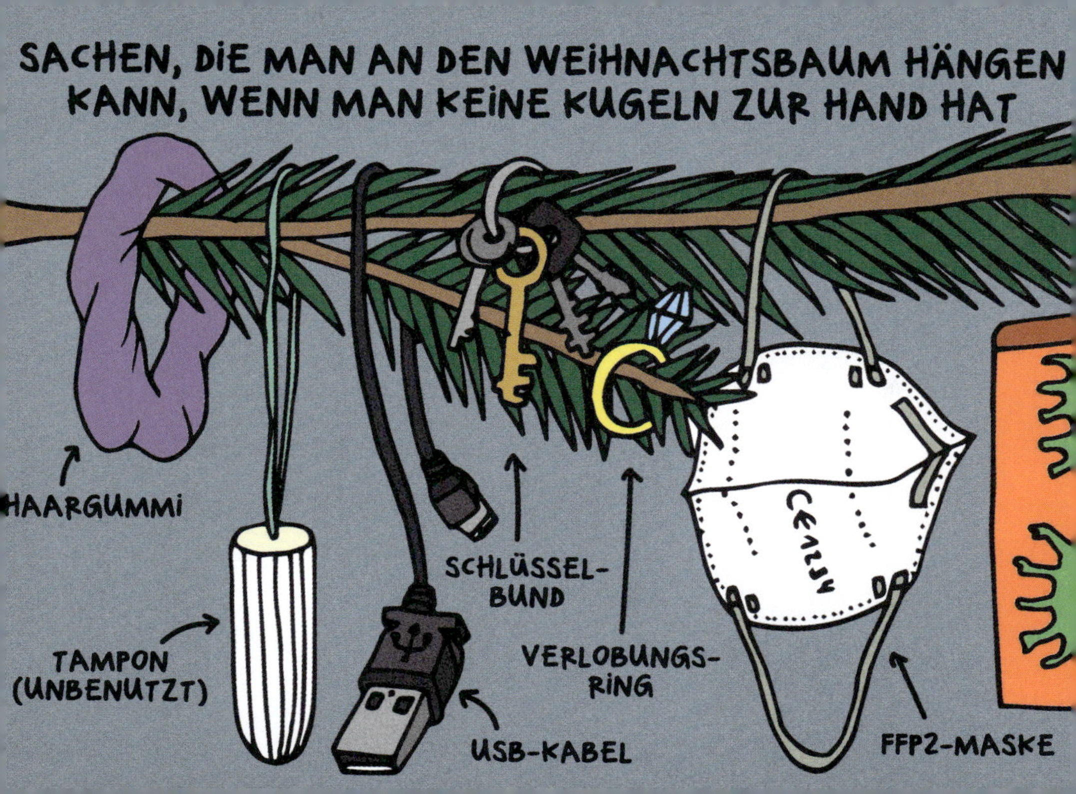
SACHEN, DIE MAN AN DEN WEIHNACHTSBAUM HÄNGEN KANN, WENN MAN KEINE KUGELN ZUR HAND HAT
HAARGUMMI
TAMPON (UNBENUTZT)
USB-KABEL
SCHLÜSSEL-BUND
VERLOBUNGS-RING
CE1234
FFP2-MASKE

8

„KNABBERSPAß"
KLACK
KLACK
„DAS VOGELBUSSi"

KUSSTECHNIKEN UNTERM MISTELZWEIG

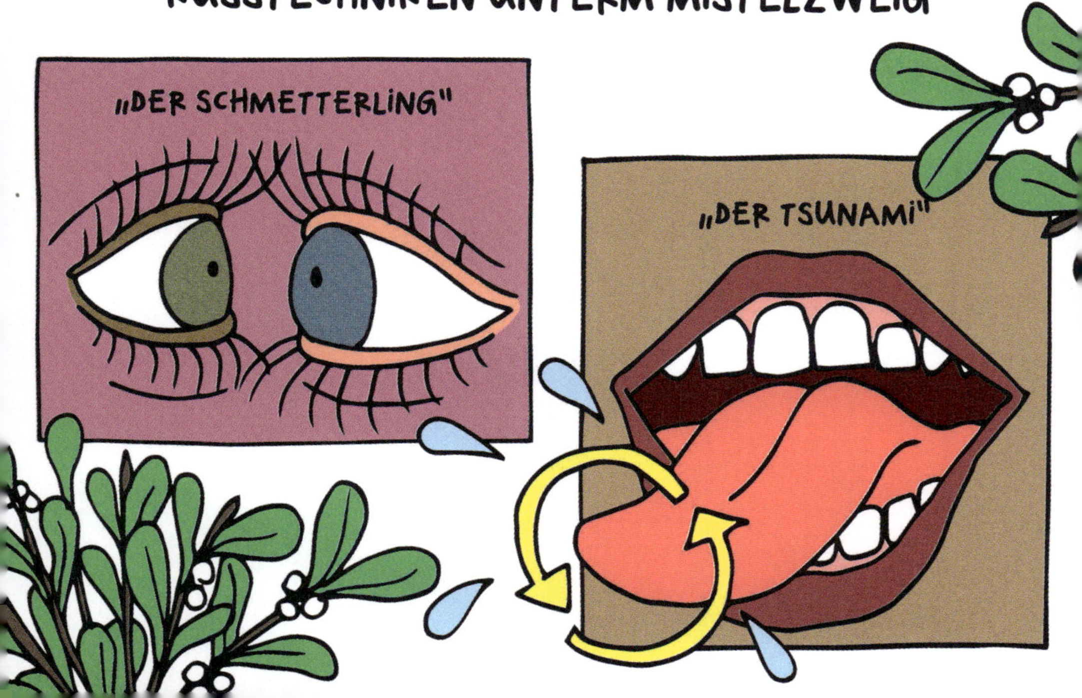

_hello?

KRANK!!
DIE BIBEL
DIE BIBEL
LAPPAN

H
1.
2.
5.
7.
8.
1
2
3
4
5
6
7
8
9
10
11
12

DAS GRINCH - KREUZWORTRÄTSEL

1. SCHLIMMSTE MISSHANDLUNG MEINER OHREN
2. DIESER TYP NERVT AM 6. DEZEMBER
3. DAVON KÖNNT IHR KONSUMOPFER NICHT GENUG KRIEGEN
4. WEGEN IHM HABEN WIR JEDES JAHR DEN SALAT
5. GRINCH-HASSOBJEKT NR.1
6. ÜBERFLÜSSIGE WOHNZIMMERVERSCHANDELUNG
7. HOFFE, DER FACKELT EUCH DIE BUDE AB
8. DAS WÜNSCHE ICH EUCH DIESES JAHR NICHT UND DANK KLIMAWANDEL IST DAS GLÜCK SICHERLICH AUF MEINER SEITE
9. SONG ÜBER EIN LUSTIGES TIER UND DESSEN GEMEINE MOBBING-GESCHICHTE

LÖSUNGSWORT:

1	2	3	4	5	6	7	8	9	10	11	12

6

„VENUS IN GESCHENKPAPIER"

Du sexy DIY-Queen! Du bist das Geschenk und das soll jeder wissen. Diese Designer-Tunika aus Designer-Geschenkpapier kann nicht jede*r tragen, aber du rockst das Outfit auf dem Wohnzimmerlaufsteg deiner Oma. Niemand kann mit Tesa umgehen wie du und an dem Schnittmuster arbeitest du seit April. Tipp: Highlighte den Look mit goldenem Lidschatten und einem Glöckchen-Choker, um deine Einzigartikeit zu unterstreichen. Das ist dein Abend – Shantay you stay!

„DER INFLUENCER"

Heyyiiii Leuteeeee! Mit diesem sensationellen Selfie-stickgürtel wird dein Leben zur Instastory und deine elf Follower hängen an deinen Lippen. So meldest du dich 24 h aus 360 Grad live vom Weihnachtswochende bei deinen Eltern in Soltau. Alles, was du brauchst, sind vier bis fünf iPhones, aber die hast du ja eh schon. Wieso es Heiligabend emotional wird, wie deine Verdauung mit dem Kartoffelbrei klar kam und der Geschenke-Haul am ersten WFT – The world needs to know, #instachristmas

MODETIPPS FÜR HEILIGABEND

„ZURÜCK IN DIE ZUKUNFT"

Diesen fiercen Vintage-Look kannst du ganz leicht mithilfe deines alten Kleideschranks stylen. Alternativ zum No-Angels-Shirt eignet sich auch Kelly-Family- oder Tokio-Hotel-Merch ganz großartig, um die Vintage-Pyjama-Pants zu akzentuieren. Das i-Tüpfelchen bilden tolle Accessoires wie Adidas Samba oder das Fischerhütchen. Versierte Fashionlover greifen noch zur aufsetzbaren festen Zahnspange oder einem Tamagotchi.

„CALL ME MAYBE!"

Es ist tatsächlich passiert, beim 15-jährigen Klassentreffen am 23. Dezember hat Robert aus dem Deutsch-LK dir nach sieben Tequila seine Handynummer auf den Arm geschrieben – Holy Manoly! Ganz Fashion-Icon trägst du diese Nummer heute als Denkmal deiner Fabelhaftigkeit (und auch ein bisschen, weil du mit dem Gesicht auf deinem Arm eingeschlafen bist und den Edding nicht mehr abkriegst) zu Kaffee und Morgenmantel konsequent gestylt im Gesicht.

SIE NENNEN ES „JUNGFRÄULICHE EMPFÄNGNIS" UND SAGEN, DAS KIND SEI VON „GOTT", ABER ICH SAG' DIR, DAS WAR MORG MIT DEN TENTAKELFINGERN!

DAS SUPERMARKT-LABYRINTH DES GRAUENS

Suche einen Weg vorbei an einem unheimlichen Baum und Sirenengesängen, Spekulatius-Untoten, Hamstereinkaufswagen, Eierlikörchentodesfallen, der Weihnachtsmann-Armee und dem fiesen Endgegner – einem Kind, das einen Schokoriegel will und ihn von seinem Elternteil verwehrt bekommt!

HEEE!
EY SPINNST DU??

KURZER THEMAWECHSEL …

Gehörst du auch zu der Sorte Mensch, die Ende September die Balkontür schließt und noch kurz „alles klar, viel Glück Leute, ein paar von euch sehe ich vielleicht im März wieder!", ruft, bevor er/sie da draußen alle ihrem Schicksal überlässt? Hier kommt ein kleiner Reminder, vielleicht ist es ja noch nicht zu spät: Wir holen jetzt alle einmal unsere Balkonpflanzen rein, decken sie zu oder schneiden sie runter – ich habe keine Ahnung, was verantwortungsvolle Menschen im Winter mit ihren Balkonpflanzen tun, aber wir können das googlen und uns danach souverän fühlen. Okay?

3
WHAT??

DER SCHOKONIKOLAUS

Als Everybody's Darling bringst du gerne Kinderaugen zum Strahlen, hast aber keine Skrupel wegen deines oftmals hohen Palmölanteils – YOLO!

DIE LAKRITZSCHNECKE

Auf Weihnachten hast du keinen Bock und das zeigst du auch deutlich. Du polarisierst ganzjährig und kümmerst dich nicht darum, dass Süßigkeiten eigentlich gut schmecken und zu Weihnachten weihnachtlich sein sollten. Krass!!

DER SPEKULATIUS

Du hast schon tausend Weihnachten erlebt und vermutlich hat schon Jesus selbst lustlos auf dir rumgekaut. Als Untote*r unter den Weihnachtssüßigkeiten stehst du alle Jahre wieder pünktlich im August aus deinem Grab auf und denkst dir „na, was soll 's".

DER LEBKUCHENSTERN

Du bist zufrieden, wenn Weihnachten ist, aber auch eigentlich bei jeder anderen Gelegenheit. Als Fels in der Brandung (des Süßwarenregals) giltst du als solider Typ, mit dem man rechnen kann.

WELCHER WEIHNACHTSSÜßIGKEITENTYP BIST DU?

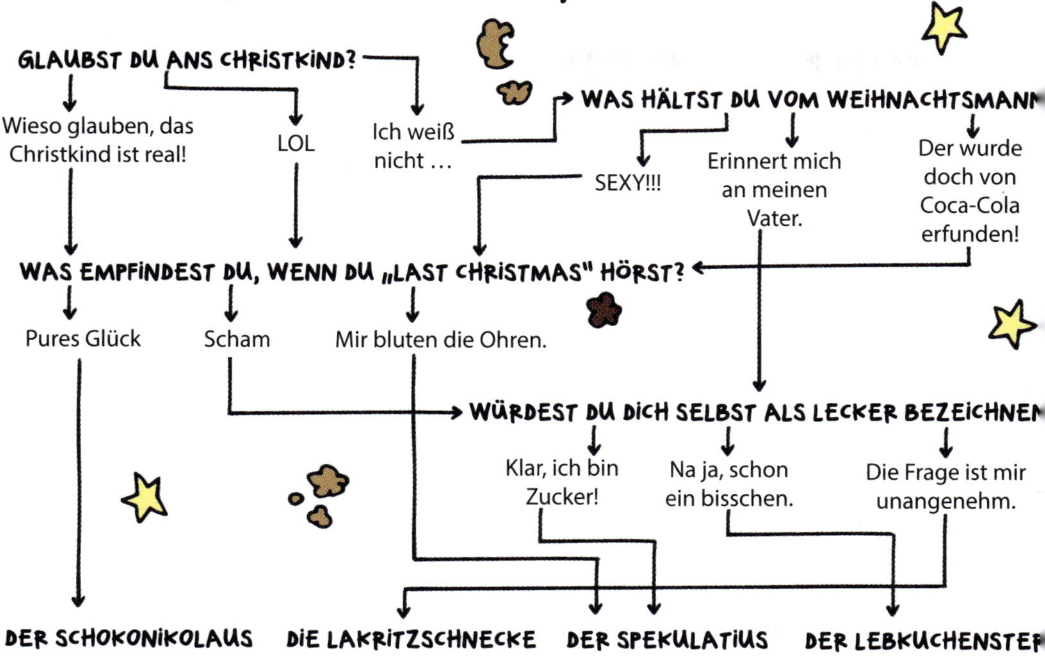

1

1 KERZE ANGEZÜNDET
AUS VERSEHEN DEN VORHANG ANGEFACKELT
„LAST CHRISTMAS" IM SUPERMARKT GEHÖRT
DIE NACHBARN SIND BELEUCHTUNGSMÄẞIG KOMPLETT AUSGERASTET
EIN FAMILIENMITGLIED HAT SICH LEGO IM WERT VON 200 EURO GEWÜNSCHT
ÜBELKEIT WEGEN ZU VIEL PLÄTZCHEN
REZEPT „VEGANERBRATEN" GEGOOGLET
MAMA WÜNSCHT SICH ZU WEIHNACHTEN „BRAVE KINDER"
RENTIERGEWEIHKOPFSCHMUCK FÜR DIE KATZE GEKAUFT
AUS VERSEHEN IM FITNESSSTUDIO „ALL I WANT FOR CHRISTMAS IS YOUUUU" AUF DEM STEPPER GETRÄLLERT
„KEVIN ALLEIN ZU HAUS" ANGESCHAUT
DICH MAL WIEDER AUF DER FIRMENWEIHNACHTSFEIER DANEBEN BENOMMEN
IM GLÜHWEINRAUSCH DEM/DER EX GESCHRIEBEN
KLEINE VEGETARISCHE AUSNAHME FÜR DIE GANS GEMACHT
COMPUTERPROBLEME DER ELTERN BEHOBEN
STREIT MIT EINEM GESCHWISTER, BIS EINE*R HEULT

AUF DER ERDE IST DAS GERADE DER LETZTE SCHRE

WEIHNACHTSFIEBER-BINGO

Wer kennt es nicht, man möchte einfach nur in Ruhe Weihnachten hassen und vor sich hin grumpen, aber dann erwischt es einen ganz schleichend doch: das Weihnachtsfieber. Wenn du schon mal nachts von George Michael im Skianzug geträumt oder reflexartig Glühwein in den Einkaufswagen gelegt hast, kannst du hiervon ja ein Lied singen. Man kriegt vielleicht den Menschen aus Weihnachten raus, aber niemals Weihnachten aus dem Menschen. Dieses Bingo kannst du in der Adventszeit spielen, sobald du vier Kästchen vertikal, horizontal oder diagonal voll hast, hast du den Kampf gegen Weihnachten dieses Jahr leider offiziell verloren.